Assenza
(poesie d'amore)

Alle mie streghe

Introduzione all'assurdo

Morirai, tu sei terrena, ahimè, e attorniando un letto bianco e greve, magistralmente adornato a tragica festa, un mormorio di vivi accompagnerà il pallido viso della tua serenità apparente, ma dell'aria che spostavi, del suono impercettibile che le tue movenze cantavano, se non questi versi, per quanto ignobili e privi, chi si ricorderà?

Avrai una folla distratta, una lingua di ferro a salutarti, un viaggio, l'ultimo, lento e breve, un giaciglio di fredde bellezze, pianti occasionali, ovvietà, sciocche ricorrenze, ma della tua malinconia, delle sere a te devote, della tua poesia indicibile, dimmi, anima della mia anima, se non questi versi, sparsi e indecifrati, chi si ricorderà?

Sull'ultima dimora, tra il marmo e il fiore, nel silenzio decoroso di passanti tristi, in tua memoria vi saranno lettere e numeri splendenti, candele e saluti, storia di un visse e di un eterno riposo, di una meritata pace, ma di quel tuo tormento, di quell'angoscia segreta, della tua passione, se non questi versi, per quanto oscuri, chi si ricorderà?

I

Una di queste sere,
passando tra i tuoi pensieri,
chiederò al tuo cuore
di ricordare la notte senza luna.

L'orgasmo, la musica,
il libro, le lacrime, il profilo,
il bellissimo inferno
di un agosto strano e irripetibile.

Dovrai confessare,
in silenzio, senza farti sentire,
che un poco mi hai amato,
che anche tu stai lì a morire.

Una di queste sere,
passando tra i tuoi segreti,
chiederò alle tue parole
di dirmi quello che hai taciuto.

II

Sentile addosso, donna,
Queste parole dalle cento bocche,
e sentile sul petto, nel sotto,
questi versi dalle mille mani.

Io scrivo in devozione, Musa.
Io scrivo il tempo dei tuoi sospiri.

Ascolta il suono, amore,
di questo silenzio distorto e canoro,
e ascolta il battito, qui, ora,
al centro esatto di queste pagine.

Io scrivo da qui a cent'anni, Luna.
Io scrivo il vento dei tuoi capelli.

Sentilo dentro, fino in fondo,
questo lamentoso poeta distratto,
e sentilo versare, mia adorata,
il suo strazio nelle tue dolci viscere.

Io scrivo la solitudine, mia regina.
Io scrivo con il cuore sopra al tuo.

III

Scrivo sull'acqua, nell'aria,
nella bellezza sanguinaria
degli adorabili riflessi.

Poesie dai capelli rossi.
Oceano di sguardi dispersi.
Malinconiche evasioni.

Scrivo la forma, l'essenza,
la sensazione silenziosa,
l'immaginaria indecenza.

Poesie dalle cosce lisce,
distrattamente accavallate
su una sedia di cucina.

IIIV

Io sono il tuo sarto,
tu sei la mia fantasia.

Io ricamo la sera,
tu la indossi di Luna.

Io sono il tuo sarto,
perciò resti nuda.

V

Piove sulle attese,
sulle chiese rimaste vuote,
sulle auto parcheggiate,
in ogni lacrima.

Piove tra i pensieri,
sul mio amore rimasto solo,
sulle cose ormai perdute,
dentro l'anima.

Piove sulle parole,
sul disegno della tua bocca,
nelle dediche dimenticate,
in ogni pagina.

VI

Lungo i viali silenziosi,
tra i ricordi, sui rami,
tra le nebbie di periferia,
sulle vetrate, tra i rovi,
tu inizi a morire, anima,
di una morte lenta,
sacrosanta e invisibile.

VII

Me lo strapperei dal petto,
questo cuore fragile, stupido,
romantico e immortale,
e lo butterei laggiù,
sotto la pioggia di una notte
di settembre.

VIII

Ci perderemo i tramonti,
quelli da guardare insieme,
ma i tramonti non li perderemo.

Ci perderemo la pioggia,
quella per farci l'amore di notte,
ma la pioggia non la perderemo.

Ci perderemo il mare,
le rive da camminare in due,
ma il mare non lo perderemo.

Ci perderemo io e te,
le ferite che ci siamo inflitti,
ma il dolore non lo perderemo.

IX

Ci sono sere in cui
io sono un disperso,
e sono sere eterne.

X

Potessi essere io, Anna,
quel mare che muore
sulle tue caviglie nude.

Potessi essere io, Anna,
quel punto lontanissimo
che miri con nostalgia.

Potessi essere io, Anna,
il passante che incontri
sulla via dei tuoi ritorni.

Vorrei essere sera, Anna,
per scendere invisibile
nel sotto dei tuoi pensieri.

XI

Siediti qui, infinito fantasma
della mia inquietudine,
devo raccontarti di un amore eterno
che non può avere un futuro.

XII

Il tuo cuore è porno.
I tuoi occhi sono porno.
Porno le tue espressioni,
le canzoni, le intenzioni.

Sei porno quando taci.
Sei porno quando baci.
Porno è la tua bocca.
Porno la tua chioma.

Porno quando arrivi.
Porno in ciò che scrivi.
Il tuo nome è porno,
Il tuo amore è porno.

XIII

Siamo distanze sparse, io e te,
ma la notte riesce sempre a trovarci,
riesce sempre a toccarci,
e io lo so che tu mi senti,
e tu lo sai dove ti tocco.

XIV

Voglio ritornare a fare l'amore
nei luoghi segreti dell'estate,
e sentire addosso l'odore
salmastro della tua intimità,
e guarire le tue ginocchia
dai mali del terriccio graffiante,
e gioire nella tua bocca
come un pazzo a una festa di folli,
e cantarti la canzone silenziosa
ed eterna della luna,
e tenerti, tenerti soltanto,
tenerti per sempre.

XV

La sera, fatta quest'ora,
macchia di rosa le distanze,
e tu mi manchi,
e non ho altre parole
per fartelo sapere.

XVI

Smettila, assenza,
con questi baci da lontano,
al mio fianco c'è qualcuno,
potrebbe trarre il tuo profumo
dal silenzio che mi imponi.

XVII

Non posso toccarti,
non posso annusarti
per infestarmi del giorno
sparso sui tuoi vestiti.
Ma ti sto dentro, a volte...
così dentro, a volte...
da sentirti ansimare.

XVIII

La parola al silenzio:
si posa sulle cose,
nei luoghi dell'accadde,
dove tu, amore mio,
complice di un altro me,
rubasti baci ad altri noi.

La parola al vento:
supera il confine,
e delle frasi che tacemmo,
che sia nel mare o sotto i ponti,
onda questa malinconia,
questa canzone scellerata.

Avremmo dovuto ballare,
lasciare a terra le parole,
vestiti e calze nere,
tacchi a spillo e documenti
che non servirono agli amanti
di una sera ormai distante.

La parola all'addio:
nel tuo diario hai scritto,
con la calligrafia del mai,
la peggiore delle morti.
Eravamo io e te,
ma solo io, nel poi del sempre,
allegro e triste,
vedo ancora quei fantasmi.

XIX

Attenta a dove metti i piedi,
i tuoi piedi maledetti, esatti,
delicati, dipinti, incerti. Attenta!
Sassi aguzzi sullo sterrato umido.

Calpestiamo morti lungo un viale.
E le parole della tua bocca,
dette con cura e soffiate piano,
sfrecciano nella mia mente.

Prosegui tra le vittime, piccoli graffi,
tagli sottili nel fango dei fossi,
anime ostili nascoste tra i sassi.

Siamo demoni, infettiamo leccando,
siamo la ferita nascosta nel fango.

Ho voglia di stringere le tue mani,
ho voglia di stringere nelle mani
l'attrezzo delicato delle tue caviglie.

Possederti qui, tra i non sepolti.
Due corpi vivi. In mezzo ai morti.

XX

"Io sono la curva estiva,
la baciatrice festosa.
Sono il piacere,
la bellezza possibile."

No, non te,
uva pazza di labbra rosse.

"Io sono uno spettro,
vago e non ritorno.
Appartengo al dolore,
non ho luogo né tempo."

Sì, proprio tu,
sublime anima invisibile.

XXI

Fotografia di donna bruna,
musa nel mezzo del giorno,
ti osservo: sei più di una,
sei il paese nel quale ritorno.

Oscurità di pupille nere,
graffio fermo di smalto rosso,
profondità, cauto cadere,
fiore folle sul triste fosso.

Fotografia di donna sciocca,
questo cuore non può agitarsi,
smetti il diavolo da quella bocca,
sei tutta intera e di baci sparsi.

Ambiguità di lunghe ciglia,
sommità di gambe e braccia,
nel ricambiarti la meraviglia,
scrivo a te una greve traccia.

XXII

La parola è profonda,
inonda e devasta,
sconfina e sovrasta,
sfiora e circonda.

Le parole che non dici,
le profonde cicatrici…
nelle parole che non dico.

XXIII

Vorrei sentire, Anna,
la carezza del tuo respiro.
Impiccare questa noia
alle lancette delle tue ore.

Sanguinare di malinconia,
triste della tua tristezza.
Ritrovare una gioia breve
nella brezza delle tue sere.

Vorrei essere dove tu sei,
accecarmi di ciò che vedi.
Poca luce nella stanza,
spiare il sotto delle parole,
scintille e punteggiature
dei tuoi fogli marinai.

Vorrei essere il buio, Anna,
un bacio invisibile e muto,
lo spettro di quando sei nuda,
lo specchio di quando sei sola.
Vorrei essere una parola,
un addio dalle tue labbra.

XXIV

Venne a dirmi i suoi occhi,
le ciglia lunghe, le mani sottili,
il naso esatto, le labbra rosse,
i capelli neri, il giaccone scuro.

Venne a dirmi i suoi passi,
un angolo di piazza, l'orologio,
la fontana, la panchina, gli altri,
le vetrine, i lampioni, l'inverno.

Non disse nulla, passò soltanto.
Non disse niente, fu solo sera.
Non disse altro, solo ciò che vidi;
colori urlanti, sguardi muti.

XXV

Il bacio non era così importante;
scambio sublime di adorabili germi,
umido fuoco di frescure indicibili.

Poi, una sera, una strada chiusa,
lampioni messi in fila, un libro,
le labbra, la lingua, tremare, l'inno!

Il bacio non era così importante,
poi, due anime, in gran segreto,
in aria, s'intrecciarono per sempre.

XXVI

Gli Amanti, anche se distanti,
si affidano alla luna, e sfiorano,
nell'esatto momento dell'anima,
la pelle dell'assenza, e piove, sai?

Sciocchi, gli amanti, ahinoi,
prede di un vino immaginario,
barcollano in sentieri paralleli,
e s'incontrano, e si amano, sai?

Quante belle bugie, amore mio,
nella sfrontatezza dell'avverarsi,
quante belle bugie, tante, troppe!

Gli amanti sono pazzi, inutili,
ma verrei a cercarti ancora, ora,
per una sola di quelle bugie, sai?

XXVII

Credi sia il vento,
quello di certe sere,
a sgualcire la chioma
del tuo sobrio volere?

Affatto, mia perduta,
si tratta del non detto,
un demone in pieno petto
un'ansia assai taciuta.

Accade anche a me;
mille scuse al mio fianco,
e mille volte le manco…
Per discutere con te.

XXVIII

Mi piace, quando t'accarezzo,
il suono lento della tua pelle.
Sei tutta sparsa di note oscure,
tasti segreti e parole silenziose.

Mi piace, quando muovi l'aria,
il suono del tuo essere al mondo.
La tua mano uccide il giorno
e la sera ti sanguina addosso.

XXIX

Quel tempo fermo,
pomeridiano e muto,
come lo passi?
Cosa trascorri?

Prima della sera,
nel sanguinare delle cose,
dove ti nascondi?
Come ti difendi?

Alla volta della luna,
nell'esatta solitudine,
cosa ti assale?
Chi è l'assenza?

Al centro della notte,
sveglia, umida e ferita,
chi conduce le tue mani?
Quale spettro ti sevizia?

Alla prima luce, donna,
nel letto matrimoniale,
hai mai sensi di colpa?
Hai mai sensi di svolta?

XXX

Quando ridevi, stronza,
con tutti quegli altri,
esaltandoli nell'incanto
nudo della tua bocca,

io miravo alla malinconia,
volevo essere la tristezza,
la tua più oscura, disperata
e tragicomica compagnia.

XXXI

Che il tuo amore possa,
col sangue freddo
d'una rosa rossa,
posarsi lieve sulla fossa
della mia sepoltura.

Che il mio amore sia,
nel buio freddo
di un'eterna prigionia,
lo spettro terribile
di ogni tua paura.

XXXII

Non t'amo d'un amore
soleggiato e festoso,
non vi sono estati
nelle mie malinconie.

Io t'amo come le foglie
amano quest'autunno,
precipitando, assorte,
illuse di essere in volo.

XXXIII

Cara ragazza morta,
sappi che sei morta sola;
gente fuori alla porta,
domande rimaste in gola.

Ragazza morta, cara,
sappi che nessuno è rimasto,
e ti hanno lasciata lì, in pasto,
nella sotterrata bara.

Hanno pianto, ragazza,
i rami, le persone, il piovuto,
ma nella tua disgrazia,
solo i morti hanno taciuto.

Sera d'un quasi settembre,
sei morta da sola, fanciulla,
in quella morte quasi nulla,
in un gravissimo per sempre.

XXXIV

Lo sai quanto ti voglio?
Al punto che scoperei tua madre,
cercando tratti a te simili,
segni a te riconducibili.

Ti voglio, frutto del mio sognato,
culla del quarto lunare, brezza,
sevizia dolce e crudele, amabile,
portatrice di vento sui fiori.

Ti voglio come si vuole la morte
nel letto delle sofferenze terminali.
Ti voglio come il prete la fanciulla,
come la croce vuole il sangue.

Ti voglio, arpa del pensiero poetico,
farfalla triste dei miei fiori neri,
parola del silenzio, musica del buio,
canzone universale, amata, musa!

Ti voglio come il mondo vuole il danaro,
come l'avaro custodisce il suo oro,
come il vino la mente del poeta,
come il poeta la comprensione totale.

XXXV

Quanti insulti e parole d'amore,
quante strade, sedili e scuse,
quanto liquido seminale.

Quante sigarette, quanto rossetto,
smalto, ombretto e calze nere,
quante sere, notti e mattine.

Quanto strazio e candeline,
quanti luoghi, quanti fuochi,
acque torbide, acque chiare.

Quanti nomi, quante risate,
quant'estate e quant'inverno,
qui, di noi, nel mio letargo.

XXXVI

Tu eri dall'altra parte,
distante, mia distante,
dalla sera a me concessa.

Eppure, amore, sentivo…
Sentivo le ali della pioggia
battere sulla tua finestra.

XXXVII

Non ha cuore, dicevi,
l'inverno non ha cuore, cantavi.
Quant'abbandono nascondevi.
Quanto silenzio raccontavi.

Non ha fretta, dicevo,
l'inverno non ha fretta, mentivo.
E intanto mi chiudevo,
mal celavo e ne morivo.

Non a caso, amore,
la spada che sfonda l'interno,
nello scenario spettrale d'inverno,
vuole il tuo dolore.

XXXVIII

Che cos'è la mancanza?
Non lo so, non lo sai,
ma porti la mano al seno
e stringi il mio cuore
nel tuo petto in fiamme.

XXXIV

Odio i tuoi vestiti,
i lacci delle tue scarpe,
il tuo modo di fare,
il tuo modo di dire.

Odio la tua bocca,
la tua gola, la tua vita.
Odio i tuoi silenzi,
i tuoi baci, la tua lingua.

Odio le tue risate,
le tue lacrime, il tuo culo.
Odio il tuo aroma,
la tua fica, la tua voce.

Odio i tuoi bracciali,
i tuoi sogni, i tuoi anelli.
Odio il tuo paese,
la tua storia, il tuo tempo.

Per sempre, amore,
senza esitazione alcuna,
odierò delle tue notti
ogni fottutissima luna.

XL

Le mie poesie: puttane confuse,
sassi muti sulla tua finestra,
vacche bugiarde, rondini illuse,
lucciole spente che il buio sequestra.

Le mie poesie: squarci di rabbia,
cani che rovistano la spazzatura,
sandali rotti, scorpioni e sabbia,
spiriti maligni fottuti di paura.

Le mie poesie: bottiglie vuote,
il non ritorno di uno che si è perso.
Eccone una, ne restano poche,
poi partirò per un viaggio diverso.

XLI

Ti guardo, Anna,
e dimentico le parole.
Ti amo all'indicibile.

XLII

Quando china alle tue palpebre
il bacio silenzioso dell'oscuro,
sapessi, avvolta nelle tenebre,
di quanta bellezza io m'impuro.

Quando cadi in quell'orrore,
mentre la triste t'adora e chini,
sapessi, di tutti gli oscuri vini,
quant'ebbro quel malincuore.

Amore, essenza non possibile,
di tutto in un solo avverarsi,
nel sublime discorso indicibile,
anche i morti sanno toccarsi.

XLIII

Possa tu, musa,
bruciare senza fretta.
Ancora di più, musa,
che tu sia maledetta.

Si chiuda per te, donna,
la più pesante porta.
In pasto ai vermi, donna,
fredda, nuda e sepolta.

E possa io, amore mio,
bruciare nel tuo fuoco,
banchettato dai tuoi vermi,
infetto nel tuo loco.

E possa io, amore mio,
putrefare col tuo corpo,
freddo e nudo anch'io,
insieme a te sepolto.

XLIV

Sparse lungo un viale,
si raccontano un silenzio,
le nostre amabili foglie.

Fu negli occhi chiari,
nell'autunno amaro.
Fu negli occhi chiari
dell'autunno amaro.

Sparse lungo un viale,
si raccontano un addio,
le nostre amate spoglie.

LXV

Fatta quest'ora,
tra i rumori di fondo
e il buio che s'avvera,
io, pensando a te,
non sono altro che sera.

XLVI

Lo so, lo so che sei triste
e diventi un'isola.
Nell'inverno del mondo, tu,
così fragile e sola,
sei una rondine smarrita.

XLVII

Sono il mare,
spingo l'onda per giungere
alle tue caviglie nude,
bianche e dissetate.

Sono il mare,
ho attraversato l'inverno
per morire di sete,
bellissima estate.

XLVIII

Manchi, Anna, fortemente,
manchi a tutte le persone
che mi vedono e mi vivono.
L'aria sente la tua mancanza.

Io esisto, Anna, sono qui, ora,
sono al mondo, sono persona,
e condivido la tua assenza
con tutti quelli che incontro.

LXIX

Camminava soltanto,
con i sandali dell'estate,
a braccetto con un'altra,
nel delirio di una piazza.

Camminava, solo questo,
ma sono sicuro, giuro,
di averla vista danzare
alla musica dell'aria.

L

Sei il posto migliore
dal quale guardare la luna,
sei quel bellissimo brivido
che precede il temporale.

Sei la finestra della pioggia,
il silenzio che sfoglia i libri,
il vento che passa nell'erba,
la regina dei miei versi.

Di tutti quegli occhi verdi,
tu sei l'oceano regnante.
Di tutti gli incendi del mondo,
tu sei la fiamma che danza.

LI

Guardo nella sera
In cerca dei tuoi occhi,
dovrà pur esserci
un angolo di cielo
nel quale posi
la tua malinconia.

LII

C'è qualcosa che devo dirti;
non ha parole, non ha modo,
immagine, forma, voce, luogo.

C'è qualcosa che devo dirti,
ed è pioggia quando piove,
ed è una gioia malinconica.

LIII

Ne sono certo, sì, io ti amo!
Ma non t'amo nella certezza.
T'amo attraversando le mura.
T'amo di spettro, di mancanza.

Ti amo solo quando sembra…
Quando la sera mi dissangua,
quando perdo la mia ombra,
quando sento la tua assenza.

T'amo in modo cupo e strano,
ed è come se non t'amassi.
T'amo a farmi quattro passi
tra le infinite foglie sparse.

LIV

Nel silenzio c'è il tuo nome,
il tuo nome dagli occhi chiari,
il tuo nome dai mille suoni,
nome di fiumi, cieli e mari.

Nel sangue notturno dell'alba.
Nei rifugi maldestri dell'ombra.
Nell'ira funesta dell'onda.
Nella mia vita. All'altra sponda.

Quel nome bagnato di luna,
nome che fotte, giura, inganna.
Nome di tutte, mai di nessuna.
Il nome che è tuo, Anna.

LV

Vorrei farti il temporale,
lo sbattere sui vetri,
l'angoscia delle ombre,
la porta che si muove.

I passi nel corridoio,
il vento alla finestra,
la luce che trema,
si spegne e riaccende.

Vorrei farmi sentire,
portarti la mia assenza,
farti mancare l'aria
che ti sei portata via.

LVI

Amava i temporali,
le finestre sbattute dal vento,
i libri, le foglie, la malinconia.

Le direi, se potessi,
che la sera ritrova i dispersi,
riallacci i fili, annulla gli addii.

LVII

Perché attraversino
il regno dei tuoi occhi
e si colorino nell'oceano,
ho scritto questi versi.

Perché ti restino
come il segno delle mani
e diano vita all'immortale,
ho scritto questi versi.

Per le tue caviglie,
per la rosa del pube,
per i tuoi fianchi,
il tuo riso bianco.

Perché altri ti adorino,
per non dimenticarti,
per tatuarti nel tempo,
ho scritto questi versi.

www.ingramcontent.com/pod-product-compliance
Lightning Source LLC
Chambersburg PA
CBHW030406160726
47992CB00007B/2992